Animales del zoológico

El caimán

Patricia Whitehouse

Traducción de Patricia Cano

Heinemann Library
Chicago, Illinois

Customer Service 888-454-2279
Visit our website at www.heinemannlibrary.com

Designed by Sue Emerson, Heinemann Library
Printed and bound in the United States by Lake Book Manufacturing, Inc.

07 06 05 04 03
10 9 8 7 6 5 4 3 2 1

Library of Congress Cataloging-in-Publication Data
Whitehouse, Patricia, 1958-
  [Alligator. Spanish]
  El caimán / Patricia Whitehouse ; traducción de Patricia Cano.
  p. cm.--(Animales del zoológico)
Summary: An introduction to alligators, including their size, diet and everyday behavior, which highlights differences between those in the wild and those living in a zoo habitat.
  ISBN 1-40340-402-X (HC) , 1-40340-650-2 (Pbk)
  1. Alligators--Juvenile literature. [1. Alligators. 2. Zoo animals. 3. Spanish language materials.] I. Title.
QL666.C925 W4718 2002
597.98--dc21

                                                        2002068872

Acknowledgments
The author and publishers are grateful to the following for permission to reproduce copyright material:
Title page, p. 4 Ken Lucas/Visuals Unlimited; p. 5 Jo Prater/Visuals Unlimited; pp. 6, 11, 22, 24 Chicago Zoological Society/The Brookfield Zoo; p. 7T M. C. Chamberlain/DRK Photo; p. 7B Tom & Pat Leeson/DRK Photo; p. 8 Joe McDonald/Visuals Unlimited; p. 9 Marty Cordano/DRK Photo; p. 10 David Northcott/DRK Photo; p. 12 Arthur Morris/Visuals Unlimited; p. 13 Raymond Gehman/Corbis; p. 14 Doug Perrine/DRK Photo; p. 15 Betsy Strasser/Visuals Unlimited; p. 16 Tom & Pat Leeson/Photo Researchers, Inc.; p. 17 Peter Scoones/BBC Natural History Unit; p. 18 Gerard Fuehrer/DRK Photo; p. 19 Rick Poley/Visuals Unlimited; p. 20 John Cancalosi/Peter Arnold, Inc.; p. 21 Jim Brandenburg/Minden Pictures; p. 23 (row 1, L-R) M. C. Chamberlain/DRK Photo, T. Clutter/Photo Researchers, Inc., Ken Lucas/Visuals Unlimited; p. 23 (row 2, L-R) Sue Emerson/Heinemann Library, Lawrence M. Sawyer/PhotoDisc, Ken Lucas/Visuals Unlimited; p. 23 (row 3, L-R) Chicago Zoological Society/The Brookfield Zoo, W. Bertsch/Bruce Coleman Inc., Doug Perrine/DRK Photo; back cover (L-R) Joe McDonald/Visuals Unlimited, Ken Lucas/Visuals Unlimited

Cover photograph by C. C. Lockwood/Visuals Unlimited
Photo research by Bill Broyles

Every effort has been made to contact copyright holders of any material reproduced in this book. Any omissions will be rectified in subsequent printings if notice is given to the publisher.

Special thanks to our bilingual advisory panel for their help in the preparation of this book:

Anita R. Constantino
Literacy Specialist
Irving Independent School District
Irving, Texas

Aurora Colón García
Literacy Specialist
Northside Independent School District
San Antonio, TX

Argentina Palacios
Docent
Bronx Zoo
New York, NY

Leah Radinsky
Bilingual Teacher
Inter-American Magnet School
Chicago, IL

Ursula Sexton
Researcher, WestEd
San Ramon, CA

We would also like to thank Lee Haines, Assistant Director of Marketing and Public Relations at the Brookfield Zoo in Brookfield, Illinois, for his review of this book.

Unas palabras están en negrita, **así.**
Las encontrarás en el glosario en fotos de la página 23.

Contenido

¿Qué es el caimán?

escamas

El caimán es un **reptil**.

Los reptiles tienen **escamas** en el cuerpo.

Es difícil ver el caimán en su ambiente natural.

Pero lo podemos ver en el zoológico.

¿Cómo es el caimán?

El caimán tiene cola larga y patas cortas.

Es gris oscuro o verde oscuro.

caimán

cocodrilo

El caimán y el **cocodrilo** son muy parecidos.

Pero la mayoría de los dientes del caimán no se ven.

¿Cómo es la cría del caimán?

La cría del caimán se parece a sus padres, pero es más pequeña.

Las crías son negras con rayas amarillas.

Las crías del caimán nacen
de huevos.

Al nacer, una cría te cabe
en la mano.

¿Dónde vive el caimán?

En estado natural, el caimán vive en **pantanos**.

Vive en lugares donde hace calor todo el año.

En el zoológico, el caimán vive en un **recinto**.

El recinto de los caimanes está lleno de plantas y de agua.

¿Qué come el caimán?

En su ambiente natural, el caimán come peces y ranas.

También come animales pequeños que se acercan al agua.

En el zoológico, el caimán come pollo.

Come pocas veces a la semana.

¿Qué hace el caimán todo el día?

hocico

El caimán pasa mucho tiempo flotando en el agua.

Saca el **hocico** del agua para respirar.

En tierra, el caimán se asolea.

Cuando le da calor, vuelve al agua.

¿Cuándo duerme el caimán?

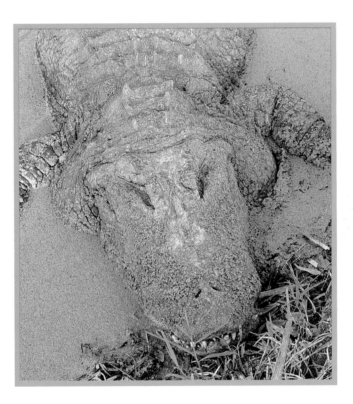

El caimán es **nocturno**.

Duerme de día.

En su ambiente natural, el caimán
busca alimento de noche.

¿Qué sonido hace el caimán?

El caimán ruge y gruñe.

Le sisea a los animales que pasan.

La madre les gruñe a las crías.

Las crías contestan con gruñidos.

¿Qué tiene de especial el caimán?

Cuando había **dinosaurios,** también había caimanes.

Los científicos lo saben porque han encontrado **fósiles.**

El caimán no ha cambiado mucho desde los tiempos de los dinosaurios.

Es casi igual hoy a como era en ese entonces.

Prueba

¿Recuerdas cómo se llaman estas partes del caimán?

Busca las respuestas en la página 24.

?　　　?　　　?

Glosario en fotos

cocodrilo
página 7

fósil
página 20

escamas
página 4

dinosaurio
páginas 20, 21

nocturno
página 16

hocico
página 14

recinto
página 11

reptil
página 4

pantano
página 10

Nota a padres y maestros

Leer para buscar información es un aspecto importante del desarrollo de la lectoescritura. El aprendizaje empieza con una pregunta. Si usted alienta las preguntas de los niños sobre el mundo que los rodea, los ayudará a verse como investigadores. En este libro, se identifica al animal como un reptil. Los reptiles tienen piel seca y por lo general con escamas, y tienen sangre fría. El símbolo de reptil en el glosario en fotos es una iguana. Comente que fuera de los caimanes y las iguanas, también son reptiles los lagartos, las lagartijas, las serpientes y las tortugas.

Índice

Respuestas de la página 22

hocico   escamas   cola